LE DROIT ET LES SOCIÉTÉS

DE

L'OBLIGATION DU VERSEMENT DU QUART

PAR LES

APPORTEURS POSSESSEURS D'ACTIONS LIBÉRÉES DE MOITIÉ

PAR

René BITTARD des PORTES

AVOCAT A LA COUR DE PARIS, DOCTEUR EN DROIT, MEMBRE DE LA SOCIÉTÉ
DE LÉGISLATION COMPARÉE.

Extrait de la Revue générale du droit
(Janvier-février 1883.)

PARIS

ERNEST THORIN, ÉDITEUR

Libraire du Collège de France, de l'École normale supérieure,
des Écoles françaises d'Athènes et de Rome

7, RUE DE MÉDICIS, 7

1883

LE DROIT ET LES SOCIÉTÉS

DE

L'OBLIGATION DU VERSEMENT DU QUART

PAR LES

APPORTEURS POSSESSEURS D'ACTIONS LIBÉRÉES DE MOITIÉ

LE DROIT ET LES SOCIÉTÉS

DE

L'OBLIGATION DU VERSEMENT DU QUART

PAR LES

APPORTEURS POSSESSEURS D'ACTIONS LIBÉRÉES DE MOITIÉ

PAR

René BITTARD des PORTES

AVOCAT A LA COUR DE PARIS, DOCTEUR EN DROIT, MEMBRE DE LA SOCIÉTÉ
DE LÉGISLATION COMPARÉE.

Extrait de la Revue générale du droit
(Janvier-février 1883.)

PARIS

ERNEST THORIN, ÉDITEUR

**Libraire du Collège de France, de l'Ecole normale supérieure,
des Écoles françaises d'Athènes et de Rome**

7, RUE DE MÉDICIS, 7

1883

DE

L'OBLIGATION DU VERSEMENT DU QUART

PAR LES

APPORTEURS POSSESSEURS D'ACTIONS LIBÉRÉES DE MOITIÉ

Un arrêt, rendu par la Cour de Paris, au commencement de l'année 1881, dans un procès de société industrielle, a provoqué dans le monde financier une vive émotion. La Cour confirmait un jugement correctionnel du Tribunal de la Seine, rendu quelques mois avant, et déclarait formellement qu'aux termes de la loi de 1867, une société par actions ne pouvait être constituée qu'*après le versement, par chaque actionnaire', du quart au moins des actions souscrites, et que cette obligation s'imposait même aux apporteurs auxquels il serait attribué des actions libérées de moitié en échange de leurs apports.* L'arrêt développait, dans ses attendus, cette théorie, tout au moins nouvelle, que tout le capital numéraire doit être frappé d'un versement effectif, et que l'action libérée de moitié, consistant par partie en un apport et par partie en numéraire, représente tout à la fois les deux éléments du capital social, dont chacun est soumis à des exigences différentes.

A la Bourse comme au Palais, personne ne se méprit sur les conséquences d'une telle doctrine. Une foule de sociétés financières ou industrielles devenaient brusquement menacées dans leur existence légale, et leurs administrateurs avaient à redouter des poursuites correctionnellles. Comme il arrive souvent en pareil cas, on prétendait que l'intérêt seul de la loi n'était pas en jeu, et que des préoccupations d'une autre nature allaient inspirer l'action du Parquet. Il s'agissait, d'après la rumeur publique, de compromettre un certain nombre d'hommes politiques, appartenant au Parlement actuel ou aux Chambres de l'Empire, de discréditer des fonctionnaires révoqués ou démissionnaires, de grands propriétaires terriens dont l'influence portait ombrage. C'étaient des fondateurs ou des administrateurs de sociétés de crédit, qu'une condamnation correctionnelle opportune pouvait exclure à jamais de l'arène politique.

Ces craintes n'étaient heureusement pas fondées, le ministère public n'a pas pris l'initiative qui lui était conseillée, et l'arrêt « des mines de Collo » est resté isolé dans notre jurisprudence. Mais une équivoque a été créée, l'opinion publique est restée agitée et inquiète, et puisque aujourd'hui une commission parlementaire est saisie de la question au sujet de la réforme de la loi de 1867, il importe à la presse judiciaire de réveiller le débat et de rechercher si la Cour de Paris a bien jugé.

Partisans résolus de la négative, nous répudions hautement cette interprétation restrictive de la loi de 1867, qui est venue brusquement mettre en péril des intérêts considérables. Nous nous refusons à admettre, comme le proclame l'arrêt du 24 février 1881, que toutes les sociétés dont les actions ne sont libérées que de moitié soient entachées de nullité.

Notre doctrine est étayée sur les précédents historiques que nos adversaires oublient, sur l'esprit de la loi de 1867, sur les textes mêmes qu'ils torturent dans leur prétendue interprétation des articles 1er, 4 et 26, et enfin sur l'étude des législations étrangères que, malgré leurs assertions, nous revendiquons comme une utile alliée.

§ I. — *Les précédents historiques.*

A trois reprises, la question de l'exigibilité d'un premier versement fut portée à la tribune des Chambres en 1845, en 1856 et en 1863.

Il fut nettement établi, à chacune de ces époques, dans la discussion, que si un versement devait être effectué, c'était en principe pour écarter de la société des actionnaires peu sérieux, et non pas pour réunir ces fonds de roulement, que l'arrêt de Paris considère comme la cause nécessaire de ce versement.

En 1845, M. Daru soutenait une proposition de loi sur les sociétés devant la Chambre des Pairs, et déclarait qu'il estimait utile le versement du cinquième, parce qu'il éloigne les joueurs, appelle les capitaux sérieux, procure la confiance et l'inspire.

Onze ans plus tard, M. Langlais, rapporteur de la loi votée le 17 juillet 1856, pour la réglementation de la société en commandite par actions, insistait sur la nécessité de n'y appeler que des associés suffisamment intéressés , et parmi les signes auquels on pouvait reconnaître qu'une société était sérieuse, il citait le premier versement, qui , « dans une certaine mesure , est une garantie pour les souscripteurs et le public. » L'orateur ajoutait la responsabilité du montant intégral de l'action, comme ayant surtout l'avantage d'attacher à la société des commanditaires sérieux.

Dans son étude de loi sur les sociétés à responsabilité limitée, en examinant le vote du 17 mai 1863, M. Duvergier appréciait le versement comme un moyen d'écarter les actionnaires qui n'apparaissent que pour jouer sur les titres , qui n'apporteraient qu'un capital factice s'ils étaient admis à souscrire des actions sur lesquelles il n'y aurait rien de versé, ou des sommes minimes.

Ainsi donc, d'après les antécédents de la loi de 1867, l'objet essentiel du premier versement a été , à toutes les époques, de retenir les actionnaires , et en présence de ces documents irréfutables, on ne doit envisager l'idée d'un capital disponible que d'nne façon absolument secondaire.

§ II. — *L'esprit de la loi.*

Le législateur de 1867 n'a pas voulu exiger le versement du quart pour subordonner au fonds de roulement le commencement des opérations de la société.

Comment, en effet, expliquer que la loi permette de former des sociétés par actions dans lesquelles on accepte des apports exclusivement en nature ? Il arrive fréquemment, en effet , que le capital primitif n'est formé que par des apports en nature, et alors les fondateurs sont nantis des actions, à l'exclusion de tous autres actionnaires.

Il nous suffira de rappeler sur ce point un arrêt qui a fait autorité : Attendu que, d'après les principes généraux, rien ne s'oppose à ce qu'une société se fonde sans capital en espèces et revête la forme anonyme ; que l'appelante ne conteste, d'ailleurs, pas cette faculté qui naît de la liberté même des conventions ; mais qu'elle soutient que, même dans ce cas, les fondateurs faisant tous des apports en nature sont, dans la réalité, de véritables souscripteurs, et se trouvent, par suite de cette double qualité, assujettis à toutes les formalités édictées par la loi du 24 juillet 1867, notamment à la déclaration notariée et au dépôt chez un notaire, comme annexe de ladite déclaration de l'acte constitutif de société ; attendu qu'on ne saurait, sans méconnaître l'esprit et l'économie de la loi sur les sociétes commerciales, confondre les fondateurs et les souscripteurs qui représentent deux éléments, deux ordres d'intérêts parfaitement distincts.

Société La Créole, *C. Société du* Batelage de Saint-Pierre, *du 16 juin 1876. C. Ile de la Réunion, M. le conseiller Dejean de la Batie, président* (1).

L'ouvrage de MM. Lyon Caen et Renault envisage le cas de la formation des sociétés par actions sans l'ouverture d'une souscription publique : Il arrive parfois qu'une société en commandite par actions est créée entre individus se connaissant et répartissant entre eux toutes les actions ; c'est là ce qui a lieu souvent quand une société en nom collectif ou en commandite simple est transformée en commandite par actions. On se pose alors la question suivante : faut-il appliquer aux sociétes par actions constituées sans ouverture d'une souscription publique les dispositions de la loi de 1867 relatives à la souscription intégrale du capital social, au versement du quart sur chaque action ? On l'a nié, en prétendant que les dispositions restrictives ont seulement pour but de protéger les souscripteurs, mais il y a, à notre sens, une véritable erreur. Les dispositions dont il s'agit ne sont pas édictées dans l'intérêt des seuls souscripteurs ; elles le sont aussi dans celui des créanciers et des personnes qui, par la suite, pourront devenir actionnaires en acquérant les actions. Du reste, la loi ne fait aucune distinction (2). »

En second lieu, si la préoccupation du législateur avait été de prescrire le versement du quart pour imposer au début un fonds de roulement à la société, il fallait fixer pour les sociétés par actions un capital minimum.

Le législateur s'est proposé un tout autre but, et nous l'indiquions en rappelant les précédents historiques de la question : attacher, dans la mesure du possible, les premiers actionnaires à la société, en écartant les spéculateurs de différences qui n'ont ni le désir ni la possibilité de *lever* les titres, et il suffit dès lors d'un apport en nature qui est égal au quart de la valeur des actions. Le résultat est le même que si l'on versait le quart en espèces. N'est-il pas évident que puisqu'il faut réaliser une fraction première du capital, cette fraction peut être régu-

(1) V. S., 1877, 2, 1. P. 1877-79.
(2) *Précis de droit commercial.* P. 218.

lièrement représentée par l'apport de marchandises, de matiè-
res premières, d'une mine ou d'une usine, d'une foule de
choses qui ont une valeur et une utilité que l'assemblée
générale des actionnaires a pouvoir d'apprécier? Lorsque,
en effet, les actionnaires ont été spécialement convoqués pour
délibérer en assemblée générale, lorsque celle-ci, régulièrement
prévue et constituée, a statué sur la valeur des apports, en
connaissance de cause, après le rapport d'un commissaire, le
capital est bien réel, et, comme l'a écrit l'un de nos maîtres du
barreau de Paris, qui fait autorité dans les questions de société,
M. Vavasseur, le capital-apport a sur le numéraire l'avantage
d'être moins sujet à disparaître, moins facile à gaspiller, comme
il arrive souvent, en frais de publicité et de commission.

Selon M. Vavasseur, en effet : L'unique et légitime préoccupation d'une
législation rationnelle doit être celle-ci : Un capital réel non fictif, avec des actionnaires sérieux attachés à la société, et non des lanceurs d'affaires se retirant après
avoir perçu leurs primes. Eh bien, cette préoccupation est celle qui a inspiré le
législateur de 1867 : le capital sera réel, puisqu'il devra être intégralement souscrit ;
les actionnaires seront sérieux, d'une part, parce qu'ils auront dû verser un quart
sur chaque titre fixé à 500 ou 100 francs au minimum, et, d'autre part, parce qu'ils
seront responsables des trois derniers quarts. En quoi seront-ils moins sérieux si,
au lieu de verser un quart en espèces, ils ont fourni des objets acceptés par la
société et reconnus d'une valeur équivalente ? Ces objets ne sont-ils pas, aussi bien
que l'argent monnayé, le gage de leur volonté de rester associés (1) ?

De quelle nature, en effet, est l'obligation des apporteurs ?
c'est une obligation de donner ou une obligation de faire, puisque l'apport peut consister, soit dans la proprieté ou la jouis-
sance d'une chose, soit dans l'industrie de l'associé. N'est-ce
donc pas là une véritable *datio in solutum* discutée et consen-
tie entre les deux parties, l'apporteur d'un côté et la société de
l'autre ?

La jurisprudence affirmait ce principe lorsqu'elle décidait,
deux mois à peine avant la promulgation de la loi de juillet 1867, que la compensation s'opérait de plein droit entre
le prix d'un immeuble vendu à une société en commandite, qui
exploitait l'immeuble et le montant d'actions souscrites par le
vendeur dans cette société, si les deux dettes étaient respectivement exigibles et liquides.

Attendu qu'en décidant que deux dettes consistant également en une somme déterminée et se trouvant à la même date également exigibles, se sont compensées

(1) V. *Le Droit*, n° du 2 avril 1881.

jusqu'à concurrence de leurs quotités respectives et ont été ainsi éteintes de plein droit dans la même mesure, l'arrêt attaqué a fait une juste application des art. 1290 et 1291, C. Nap. ; que, vainement, on objecte que les héritiers Dupasseur ne proposaient que subsidiairement l'exception de compensation et qu'en soutenant d'abord que leur dette du prix des actions avait du être éteinte par le paiement qu'un tiers en aurait effectué, ils lui ont imprimé eux-mêmes le caractère d'une dette incertaine dans son existence et dans sa quotité ; que, dans sa double formule, cette défense des héritiers Dupasseur n'entraînait que la vérification du point de savoir si la créance de la société N. Sabathier et Cⁱᵉ avait été éteinte ou par une compensation ou par un paiement, ou encore dans quelle mesure l'un et l'autre de ces deux modes de libération s'y étaient appliqués ; qu'aucune loi n'exige que la compensation soit proposée préalablement à tout autre moyen et à l'exclusion de toute autre exception ; que celui qui est incontestablement créancier d'une somme liquide et exigible à une date déterminée ne se rend pas non recevable à se prévaloir de la compensation, par cela seul qu'il ne l'oppose que subsidiairement et pour le cas et dans la mesure où sera reconnue fondée la prétention de son adversaire d'être respectivement créancier à la même date d'une somme également liquide et exigible; attendu, dun autre côté, que, par l'effet de la compensation opérée de plein droit avant l'ouverture de la faillite N. Sabathier et Cⁱᵉ, Dupasseur a été libéré du prix des actions qu'il avait souscrites et que les créanciers sociaux sont d'autant moins admissibles à prétendre qu'il leur appartienne de ce chef contre lui une action qui leur soit personnelle, que cette portion du capital commandité s'est trouvée ainsi employée à solder pour partie le prix de l'immeuble dont l'acquisition et l'exploitation faisaient l'objet de la Société.

Sur le deuxième moyen, tiré d'une prétendue violation des art. 1 et 4 de la loi du 27 juillet 1856 : Attendu que dans les circonstances de l'espèce la compensation admise par l'arrêt attaqué doit être considérée comme équivalant de tous points à un paiement en numéraire, puisqu'il eu résultait l'affectation du capital social à la destination même que lui avaient expressément assignée les statuts de la Société; — Rejette, etc.

Du 4 mars 1867, Ch. req., M. Bonjean président (1).

Ainsi donc, d'après la Cour de cassation, les apporteurs sont des vendeurs, et le prix accepté par la société est liquide et exigible. Voilà sur ce point la théorie rationnelle et juridique, dont la conséquence naturelle est qu'à partir du moment où les intéressés, réunis en assemblée générale, se sont prononcés pour les apports, ces apports ont acquis une véritable valeur libératoire, et que dès lors ces mêmes intéressés peuvent libérer les actions d'apport du versement du quart prescrit par l'article 1ᵉʳ de la loi, qui ne vise que les autres actionnaires, ceux qui apportent le numéraire.

Encore une fois, c'était le véritable esprit des lois de 1856 et de 1863 que nous rappelions plus haut; cette doctrine se retrouve dans la loi de 1867, puisque ses deux premiers titres sont la

____

(1) S., 67. 1. 254. — D., 18. 1. 425. — J. P., 1867-644.

reproduction presque textuelle des lois de 1856 et de 1863. L'exposé des motifs de cette dernière loi se borne à renvoyer aux précédentes.

§ III. — *Les textes.*

L'arrêt semble croire que la loi de 1867 exige que les apports ne soient payés qu'en actions entièrement libérées.

C'est là une erreur absolue.

Il n'est nulle part écrit, dans la loi de 1867, que les apporteurs ne peuvent recevoir des actions libérées de moitié, ni qu'ils sont obligés de verser, en ce cas, un quart de la portion souscrite. La combinaison que nous étudions n'y a pas été expressément prévue; mais si elle n'est pas formellement permise, elle n'est pas non plus formellement prohibée. Or, on peut définir la loi de 1867 une loi de réglementation, qui restreint considérablement la liberté des parties pour la constitution des sociétés par actions; mais il n'en est pas moins vrai qu'en cette matière le principe général est celui de la liberté des [conventions. Que disent en effet les articles 1 et 4 de la loi 1867? que le capital social peut être constitué ou en numéraire ou en apport, que les actions peuvent être délivrés en échange du versement d'un quart en espèces ou d'un apport en nature régulièrement approuvé par l'assemblée générale. Et rien de plus.

Quelle singulière distinction vient faire la Cour de Paris, en divisant fictivement le capital social en deux éléments distincts et soumis à des règles différentes : l'argent et l'apport! La distinction entre le numéraire et l'apport ne peut être admise qu'au moment de la vérification. C'est alors que les actionnaires qui se sont libérés en argent doivent examiner si le paiement fait par les autres équivaut à de l'argent. Mais l'opposition cesse d'avoir sa raison d'être dès que l'examen est terminé, et alors il n'y a plus que des actionnaires qui se sont engagés à effectuer des versements ultérieurs, et qui s'en trouvent ainsi souscripteurs au même titre. — Encore une fois, les apporteurs sont des vendeurs, et la vente qu'ils font, selon un prix déterminé par la décision de l'assemblée générale, produit *de plano* une compensation avec le capital à verser en argent.

Et qu'on ne vienne pas objecter que le versement du premier quart doit s'effectuer avant toute vérification des apports ; la société, d'après l'article 4, § 2, de la loi de 1867, n'est définitivement constituée qu'après l'approbation de l'apport ou des avantages donnée par une autre assemblée générale, après une seconde convocation. Jusqu'à l'accomplissement des formalités prescrites par cet article, la constitution de la société n'est qu'à l'état de projet. C'est seulement après la constitution définitive de la société que les apporteurs sont créanciers du montant de leurs apports et débiteurs du montant de leurs actions. N'est-il pas évident alors qu'entre ces deux dettes liquides et exigibles, il s'opère, sous la réserve des proportions déterminées par les statuts, une véritable compensation ?

M. Alphonse Ledru, dans l'intéressante monographie qu'il publiait dans le *Journal des sociétés civiles et commerciales*, au lendemain de l'arrêt des mines de Collo, soutient cette théorie avec beaucoup de logique. A l'objection que la compensation est paralysée par le fait du versement du premier quart avant la vérification des apports, et que la dette de l'apporteur précède sa créance, M. Ledru répond que c'est jouer sur les mots, et qu'il suffit d'opposer à cet argument des adversaires le texte de l'art. 4, § 2, de la loi de 1877 : La société, dit-cet article, n'est définitivement constituée qu'après l'approbation de l'apport ou des avantages, donnée par une autre assemblée générale, après une seconde convocation.

MM. Mathieu et Bourguignat, dans leur ouvrage de droit commercial, s'expriment ainsi, § 19 : « Lorsqu'il est stipulé un apport au profit de la société ou un avantage en faveur de l'un des associés, une portion de fonds social s'y trouve par cela même affectée. Si cet apport ou cet avantage n'était pas payé en actions, le capital en numéraire devrait être accru d'autant pour y faire face. La convention, en stipulant le paiement des actions, opère virtuellement une sorte de compensation entre les apports ou avantages et la partie du capital qui doit recevoir cette destination. »

L'article 25 prescrit la convocation d'une assemblée générale « postérieurement à l'acte qui constate la souscription du capital et le versement du quart du capital, qui consiste en numéraire. » Il y a là une clause purement énonciative, qui se rapporte à l'article 1er de la loi, sans vouloir en modifier le sens. Toutefois, la signification si nette de l'article 1er en est obscurcie; il faut, pour apprécier la véritable intention du législateur, se rappeler que l'article 25 est la reproduction textuelle de l'article 6 de la loi du 23 mai 1863, qui avait ordonné, par son article 4, le versement du quart du capital, qui consiste en numéraire.

§ IV. — *La condamnation de l'arrêt de Paris.*

Sur quel texte vient donc s'appuyer cet arrêt, qui a porté e trouble dans le monde commercial et industriel? Nulle part la loi n'exige la libération des actions en numéraire ; elle se borne à décider que les sociétés ne peuvent être définitivement constituées qu'après le versement, par chaque actionnaire, du montant des actions par lui souscrites jusqu'à concurrence du quart ; elle précise, d'autre part, que les associés peuvent faire des apports, en échange desquels il est incontestable que des actions peuvent leur être attribuées. Or, s'il est permis que les apports soient payés au moyen d'actions totalement libérées, pourquoi ne les paierait-on pas sur des actions partiellement libérées, dont le surplus sera payable en argent?

C'est un principe de droit qu'il ne peut être apporté une limite à la liberté des conventions que par des textes contraires. On chercherait vainement dans nos lois un texte quelconque faisant obstacle à la combinaison dont il s'agit.

Nos adversaires objectent que l'attribution d'actions libérées pour partie seulement en retour d'apports en nature permet de restreindre beaucoup l'appel à la souscription publique. Si vous m'attribuez, sur un total de 10,000 actions de 500 fr., 2,000 actions libérées de la totalité à raison d'un apport en nature d'un million, vous pourrez m'en attribuer 4,000 libérées seulement de moitié, chacune pour le même apport ; vous pourrez, toujours pour le même apport, m'en attribuer 8,000 libérées seulement du quart. Dans le premier cas, le nombre des actions livrées à la souscription publique serait de 8,000 et serait réduit à 6,000 dans le second cas, à 2,000 dans le troisième.

Nous répondrons à nos adversaires qu'en effet le résultat signalé ne se conteste pas, que moins il y aura d'actions offertes à la souscription du public, plus les fraudes seront faciles. Mais une telle éventualité ne suffit pas pour faire prohiber une manière de procéder qui, par elle-même, n'est point illicite ; la restriction apportée à la souscription du public se présente aussi dans le cas où le capital primitif ne comprend que des apports en nature et où les actions sont exclusivement attribuées aux fondateurs. Or, il est de notoriété publique que depuis la loi de 1867 un grand nombre de sociétés ont été constituées sans que le remboursement de ce quart en numéraire portât sur autre chose que sur la portion du capital souscrite en argent, et en affranchissant totalement la portion du capital-apport.

Ces principes recevaient une nouvelle consécration à la tribune de la Chambre des députés, à la séance du 19 février 1881, où MM. Rouher et Rouvier engagèrent une intéressante discussion sur le point qui nous occupe.

M. Lyon-Caen apprécie sévèrement l'arrêt des mines de Collo : La Cour de Paris se trompe, à notre sens, dit M. Lyon-Caen, quand elle parle d'une exception de faveur par suite de laquelle les actions libérées intégralement par suite d'apports en nature, sont dispensées du versement du quart.

Mais, qu'est-ce donc que le versement ?

C'est la réalisation de l'apport, sa transmission effective à la société. Dans le projet de loi du 17 juillet 1856, le mot *réalisation* lui-même était employé. L'expression « versement, » quoique employée très souvent dans l'usage pour le cas où il s'agit d'une somme d'argent, peut être prise dans un sens aussi large que le mot *paiement* : quoi qu'en ait pu dire le tribunal civil dans le jugement confirmé ci-dessus rapporté, le mot *paiement* n'implique pas nécessairement du numéraire. Il s'emploie couramment dans la langue du droit et dans les textes de nos lois civiles, comme le mot latin *solutio* en droit romain, pour désigner le fait de l'exécution d'une obligation, quelle que soit sa nature (V. C. civ., art. 1234 et suiv.). S'il en est ainsi, on comprend aisément pourquoi il ne peut pas être question de versement du quart pour les apports en nature. Ces apports sont réalisés ou versés, si l'on veut, par cela même qu'ils ont été promis et que leur évaluation a été approuvée conformément à l'art. 4 de la loi de 1867; car, dès ce moment, la propriété en est transmise à la société (art. 1138, C. civ.). Si donc les apports sont égaux par leur valeur au montant total des actions, il y a, en ce qui les concerne, en quelque sorte de plein droit, versement intégral.

Et M. Lyon-Caen ajoute, quelques lignes plus bas : Exiger en sus un versement en espèces, ce serait obliger l'actionnaire à faire une libéralité à la société (1).

N'est-il pas de toute évidence que si les apporteurs versaient un quart en sus des apports, qui déjà paient la valeur des actions, ce serait un *cadeau* à la société ? Eh bien ! si des actions libérées intégralement peuvent être valablement remises

____

(1) V., Sirey, 1881, 2ᵐᵉ partie, p. 77.

aux apporteurs, pourquoi ne point délivrer des actions libérées de moitié? La loi de 1867 n'en dit rien, c'est vrai; mais elle ne pouvait tout prévoir, et elle n'entendait point tracer des cadres étroits pour y assujettir toutes les combinaisons de l'esprit d'association, mais poser simplement des règles générales. M. Vavasseur a soutenu avec éclat la thèse que nous défendons, développait, dans un article paru dans le *Droit* pendant l'année 1881, une espèce qui se rapproche singulièrement de la nôtre :

A l'occasion de la loi de 1867, il s'est produit un exemple remarquable d'un cas non prévu dans le texte, et que cependant la Cour de cassation n'a pas hésité à y faire rentrer; c'est le cas de fusion entre deux sociétés. Qu'est-ce que cette fusion? Les financiers le savent bien ; mais ni la loi, ni les jurisconsultes ne s'en sont occupés ; c'est un contrat [tout moderne, innomé, auquel peuvent bien s'appliquer certaines dispositions de la loi de 1867, mais non toutes ; et à l'égard de celle-ci, la Cour suprême, par son arrêt du 26 avril 1880, en rejetant le pourvoi formé contre un arrêt de la Cour d'appel de la Réunion, a déclaré que la loi « reçoit une exception nécessaire au cas où, à raison de la *constitution particulière* d'une société par actions, l'accomplissement de ces formalités est impossible. »

Rien de plus juste et de plus juridique que cette doctrine ; c'est une évidente et judicieuse application du *plerumque fit*.

Oui, la loi de 1867 n'a prévu que deux modes principaux pour la constitution des sociétés par actions : le premier, par la souscription de tout le capital en espèces (art. 1, 2 et 3); le second, au moyen de deux éléments réunis : une partie seulement du capital à verser en espèces, et le surplus à fournir par un apport en nature (art. 4). Dans le premier cas, une seule assemblée générale suffit ; mais deux sont nécessaires dans l'autre cas pour constituer la société.

On peut ajouter un troisième mode, celui où le capital est formé par des apports indivis (art. 4, dernier alinéa), et le texte dispense de faire vérifier ces apports, dispense bien inutile, puisque, faute de contradicteur, toute vérification est impossible.

Mais la loi a-t-elle entendu tracer ainsi des cadres fermés, créer des types rigides pour y assujettir toutes les combinaisons de l'esprit d'association? Non, assurément. Avec la Cour de cassation, nous sommes autorisés à répondre que lorsqu'il y a une *constitution particulière* de société, les textes légaux ne sont applicables que dans la mesure du possible.

Et, comme le dit si bien M. Vavasseur, la fusion est incontestablement une combinaison assez compliquée. Si la loi l'a implicitement autorisée, *à fortiori* n'en est-il pas de même de la combinaison beaucoup plus simple qui consiste à libérer les actions de moitié par les apports en nature? Cette solution ne doit être évidemment adoptée que sous la réserve des conditions écrites dans le texte.

Sur ce point, les témoignages les plus autorisés abondent : Le versement effectif du quart, dit M. Rousseau (1), n'est pas

(1) *Sociétés commerciales françaises et étrangères*, n° 1037.

obligatoire pour les actions attribuées en représentation d'apports en nature ou d'avantages particuliers stipulés aux statuts. C'est seulement sur la partie du capital qui consiste en numéraire que la loi exige le versement du quart. MM. Mathieu et Bourguignat professent exactement la même opinion (1), que rappelle d'ailleurs l'auteur précédent. MM. Beslay et Lauras (2) ne sont pas moins nets : On peut admettre que le législateur, quand il a prescrit le versement du quart sur chacune des actions souscrites, avait principalement en vue le versement d'un quart d'actions payables en numéraire et destinées à constituer le capital en numéraire. Il est ordinaire que le fonds social des compagnies se compose d'un capital en nature et d'un capital espèces. Il est, au contaire, rare qu'une société se fonde avec un capital en numéraire inférieur à un quart de son fonds social et un capital en nature supérieur aux trois quarts du fonds social. Le *quod plerumque fit* sera donc dans le versement en numéraire.

Il ne faut pas aller plus loin. Le mot *versement* n'a en soi rien de décisif. On *verse* des fonds, des valeurs dans une affaire, pourquoi n'y *verserait-on* pas des marchandises? Pourquoi surtout, de ce que l'expression métaphorique a été d'abord et principalement introduite dans le langage quand il s'agissait de sommes en numéraire, conclure que le législateur, en se servant de cette expression, ait entendu l'employer dans le sens le plus étroit? La disposition de l'art. 1 est rigoureuse : pour quel motif ajouter la rigueur de l'interprétation à la rigueur des textes? S'il faut suivre la pensée du législateur là où elle va d'elle-même, il ne faut pas la conduire de force au delà des bornes qu'elle s'est données.

Contraindre toutes les sociétés à constituer leur fonds social en y faisant entrer, au moins pour un quart, un capital en numéraire, les obliger ainsi à se créer un fonds de roulement dont peut-être elles n'ont pas besoin, proscrire les sociétés dont le capital serait exclusivement représenté par des marchandises, ce sont là des dispositions fort importantes et fort graves. Comment penser que le législateur les aurait admises sans discussion? Comment admettre qu'elles fussent placées dans la loi de manière à ne pouvoir y être trouvées que par l'interprétation rigoureuse d'un mot douteux?

____

(1) *Commentaire de la loi sur les sociétés*, 24-29 juillet 1867.
(2) *Commentaires du code de commerce*, t. V, n° 119.

§ V. — *La jurisprudence et notre système.*

A l'arrêt du 18 février 1881 nous opposons deux jugements du tribunal de commerce de la Seine, qui, rendus à vingt et un ans de distance l'un de l'autre, nous semblent basés sur la vraie doctrine juridique.

Le premier a été rendu le 1ᵉʳ mai 1861 :

Attendu que la Société des mines de houille et de schiste bitumeux de la Conda-mine a été fondée au capital de 1,500,000 fr. divisé en 3,000 actions de 500 fr. chacune ; attendu que le demandeur prétend que cette société aurait été consti-tuée en violations de prescriptions de l'art. 1 de la loi du 17 juillet 1856, que le ver-sement du quart de chaque action n'avait pas été effectuée par tous les actionnai-res ; attendu que sur les 30,000 actions formant l'importance du capital social, 2,400 actions libérées de moitié, soit de 150 fr., ont été attribuées aux fondateurs pour prix de leur apport ; que l'évaluation de cet apport ayant été approuvée par l'assemblée générale, la libération stipulée au profit des fondateurs représente une valeur en espèces réellement fournie, qu'il a donc été satisfait en ce qui touche ces 2,400 actions aux prescriptions de la loi, exigeant le versement du quart du mon-tant de chaque action.

> *Trib. commerce de la Seine.* Denières, président ; Dilliais et Tournud, agréés.

Le second est tout récent. Voici de quelle nature était la contestation :

M. Ricard, souscripteur de cinq obligations de la Société des Tramways de Paris-Sèvres-Versailles, dont la faillite a été pro-noncée, il y a quelques années, venait demander au tribunal de commerce de la Seine la nullité de cette société, en se ba-sant sur ce fait, qu'aux termes des statuts les fondateurs de cette société avaient reçu, en compensation de leurs apports, un certain nombre d'actions, libérées de 250 fr. seulement. M. Ricard voyait là une violation de la loi de 1867 qui veut qu'au moment de la constitution de toute société anonyme le quart au moins de la valeur des actions ait été versé en espè-ces ; il soutenait donc que la nullité de la société devait être prononcée, et il demandait, en outre, que les administrateurs fussent condamnés à lui rembourser 2,875 fr., valeur de ses obligations et des coupons échus et impayés.

Le Tribunal a repoussé cette demande par le jugement suivant :

Le Tribunal, sur la validité de la Société : Attendu que Ricard prétend que des actions non entièrement libérées ayant été attribuées aux fondateurs de la Société anonyme dite Compagnie des Tramways de Paris, Sèvres, Versailles, en échange de leurs apports, et que le quart de la valeur nominale de ces actions, ou tout au moins le quart de la partie desdites actions à fournir en espèces n'ayant pas été versé en numéraire, ladite Société aurait été constituée en violation des prescriptions de l'article 1ᵉʳ de la loi du 24 juillet 1867 ; qu'il y aurait lieu, en conséquence, d'en prononcer la nullité contre les défendeurs ; mais attendu que la loi ne prescrit nulle part que les apports ne pourront être payés qu'en actions entièrement libérées ; qu'il ne peut être apporté une limite à la liberté des conventions que par des textes formels ; qu'il est, du reste, constant que le paiement des apports en actions incomplètement libérées, loin de préjudicier aux souscripteurs des actions en capital ou aux tiers, constitue une garantie en leur faveur, les fondateurs restant intéressés à la bonne administration de la société par l'engagement qu'ils ont pris de libérer complètement leurs actions ; que si la loi a voulu, en exigeant le versement du quart sur les actions en numéraire, que les actionnaires fussent réellement intéressés à l'affaire formant l'objet de la société, ce but est aussi bien atteint pour les actionnaires qui libèrent partiellement leurs actions en faisant un apport accepté et reconnu par les autres actionnaires ; et attendu, d'autre part, que l'obligation du versement d'un quart exigé de chaque actionnaire, aux termes de l'article 1ᵉʳ de la loi du 24 juillet 1867, ne doit s'entendre que des actions souscrites en numéraire, et non de celles qui sout attribuées aux fondateurs en représentation de leurs apports, qu'au surplus il faut bien reconnaître que si l'apport vérifié peut libérer l'intégralité de l'action, il peut *a fortiori* la libérer partiellement, et que l'évaluation de l'apport des fondateurs ayant été approuvée par l'assemblée générale, cela constitue de leur part un versement en espèces, qu'il y a donc lieu de repousser ce chef de demande ; sur le paiement des 2,875 fr., montant de cinq obligations et des coupons : attendu que si Ricard soutient que le produit de l'émission de 6,000 obligations de 500 fr. faite par la Société le 28 mars 1877, aurait été détourné de sa destination et aurait été gaspillé, il n'apporte aucune espèce de preuve à l'appui de son allégation ; qu'il ne justifie dans l'espèce d'aucune faute lourde imputable aux administrateurs et pouvant servir de base à la condamnation qu'il réclame contre eux ; que par suite ce second chef de demande doit également être repoussé : Par ces motifs, déclare Ricard mal fondé en toutes ses demandes, fins et conclusions, l'en déboute.

§ VI. — *Les législations étrangères.*

En Angleterre, la loi du 17 juillet 1856 sur les sociétés *limited* n'exige qu'un vingtième par chacun des actionnaires ; le Code de commerce allemand, dix pour cent ; la loi portugaise du 15 mai 1867, cinq pour cent ; le Code de commerce d'Italie et celui de Hongrie, un dixième ; la loi belge du 18 mai 1873, un vingtième du capital consistant en numéraire ; M. Guillery se prononce dans les termes suivants sur l'obligation de versement : Quant à l'appréciation de ce que doit être ce vingtième, on remarquera ces mots : le vingtième au moins du capital consistant en *numéraire*. Il en résulte que, pour le capital consistant en apport, il n'y a d'autre obligation que l'apport lui-même : c'est ce qui a été dit expressément dans les discussions dont cet article a été l'objet. On ne peut exiger du souscripteur qu'il ajoute à cela un versement en numéraire. Evidemment, l'apport constitue le versement de tout le montant de la souscription (1).

(1) Guillery, *Sociétés commerciales en Belgique*, t. II, n° 509.

Il y a la nécessité d'une première mise, mais d'un taux si faible qu'elle ne saurait faire office de fonds de roulement, ce qui contredit absolument la théorie de l'arrêt.

§ VII. — *Conclusion.*

Il faut rejeter comme antijuridique dans ses principes, comme dangereuse dans ses conséquences, la doctrine que la Cour de Paris a brusquement affirmée. Tout repose sur des distinctions purement factices.

Encore une fois, pourquoi deux natures de capital et deux natures de titre? Le capital est unique, bien que divisé en actions de même nature. Ces actions doivent être libérées d'au moins un quart, soit en espèces, soit en équivalent des espèces, et notamment en un apport dont la valeur est déterminée par la décision de l'Assemblée. Après cette décision, les titres se valent, sans qu'il y ait à distinguer entre les actions remises en échange du versement d'un quart en numéraire, ou celle remises en échange d'un paiement, par tiers ou total, en apport, parce que, ainsi que nous le disions au début de ces observations, l'apport vérifié vaut de l'argent; c'est une valeur acceptée comme espèces par la loi elle-même.

La libération de moitié des actions présente l'immense avantage de maintenir attachés au sort de la société ceux-là même qui l'ont fondée, puisque ils sont responsables des versements à faire, même en cédant leurs actions, pendant deux ans à partir du jour de la conversion des actions nominatives en actions au porteur. De plus, c'est de rendre plus facile et plus rapide la souscription du capital, qui doit être intégrale avant de constituer la société.

L'apporteur qui accepte, en échange de son apport, des actions qui ne sont libérées que pour un quart, contracte une obligation onéreuse, en prenant ainsi l'engagement de verser les trois autres quarts.

On ne peut sérieusement objecter qu'il y ait dans cette souscription un péril pour la société, qui peut avoir en lui un actionnaire insolvable. Le même danger n'existe-t-il pas à l'égard de tous les autres actionnaires? Et d'ailleurs, l'apporteur est lui-même intéressé à n'entrer que dans une société sérieusement constituée puisqu'il est tenu au paiement du solde de ses actions, non seulement jusqu'à la conversion des actions nominatives en actions au porteur, mais encore pendant un délai de deux ans à partir de cette conversion. C'est donc une sécurité pour les tiers et pour le public que les apporteurs ne soient attributaires que d'actions partiellement libérées et soient tenus au paiement du surplus.

En terminant, il nous semble qu'une espèce justifierait mieux encore le système que nous adoptons :

Quelqu'un vend un terrain 50,000 fr., et il emploie le prix de cette vente en souscription d'actions libérées d'un quart. Un autre propriétaire apporte un terrain à une société pour le prix de 50,000 fr. qu'on lui paiera en actions libérées du quart.

Ces deux opérations semblent absolument licites. Or, d'après la nouvelle jurisprudence, la seconde opération rend les parties passibles de la police correctionnelle, et elle rend nulle la constitution de la société, même pour le cas où cette société aurait revendu le terrain, objet de sa raison d'être.

Cependant, des deux combinaisons, quel est donc le juriste qui ne la préférera pas à la première? Dans cette deuxième espèce, en effet, le prix du terrain doit être soumis à deux contrôles : d'abord à celui d'un ou de plusieurs commissaires, et en second lieu à celui de l'assemblée générale des actionnaires.

Dans l'autre espèce, au contraire, il n'y a pas de contrôle, et le prix de vente peut être, entre le vendeur et le directeur, l'objet d'un accord frauduleux.

Il est temps de faire cesser une dangereuse équivoque, et nous avons le ferme espoir que le Parlement introduira dans la nouvelle loi des sociétés la modification nécessitée aujourd'hui par l'arrêt du 24 février 1881 :

« Les apporteurs auxquels il serait attribué des actions libé-
» rées de moitié en échange de leurs apports n'ont pas à effec-
» tuer le versement du quart. »

BARD (Alph.), docteur en droit, substitut près le tribunal civil de la Seine. — *Précis de droit international pénal et privé.* 1 vol. in-8 *(sous presse).*

BARD et **ROBIQUET.** — *Droit constitutionnel comparé.* La Constitution française de 1875, étudiée dans ses rapports avec les législations étrangères, par MM. A. Bard, docteur en droit, substitut près le tribunal civil de la Seine, et P. Robiquet, avocat au conseil d'Etat et à la Cour de cassation. *Deuxième édition*, revue, corrigée et augmentée. 1878, 1 beau vol. gr. in-18 jésus. 5 »

BOISSONADE (Gustave), professeur agrégé à la Faculté de droit de Paris. — *Histoire des droits de l'époux survivant (Ouvrage couronné par l'Institut de France : Académie des sciences morales et politiques).* 1874, 1 vol. in-8. 7 50

BOISTEL (Alphonse), professeur à la Faculté de droit de Paris. — *Précis d'un cours de droit commercial professé à la Faculté de droit de Paris. Troisième édition*, revue, corrigée et considérablement augmentée. 1883, 1 fort vol. grand in-8. 14 »

DROZ (Alfred), avocat à la Cour d'appel de Paris, docteur en droit, lauréat de l'Institut de France. — *Traité des assurances maritimes, du délaissement et des avaries.* 1881, 2 beaux vol. in-8. 18 »

DUCROCQ (Th.), doyen honoraire et professeur de droit administratif à la Faculté de droit de Poitiers, correspondant de l'Institut de France, etc., etc. — *Cours de droit administratif*, contenant l'exposé et le commentaire de la législation administrative dans son dernier état, avec la reproduction des principaux textes, dans un ordre méthodique. *Sixième édition*, considérablement augmentée, mise au courant de la doctrine, de la jurisprudence, de la statistique, des programmes pour les concours à l'auditorat du conseil d'Etat et de la Cour des comptes, pour ceux des ministères des affaires étrangères, de l'intérieur, des finances, des travaux publics, de la guerre, de la marine, de l'administration de l'enregistrement, des domaines et du timbre, aux grades de commissaires et d'aides-commissaires de la marine, d'élèves consuls, etc. 1881. 2 très forts vol. in-8 compactes, contenant la matière de plusieurs volumes ordinaires. Brochés. 20 »

— *Le même ouvrage.* Relié en demi-chagrin. 24 »

FABRE (Jules), avocat à la Cour d'appel de Paris. — *Des courtiers* (courtiers d'assurances maritimes, courtiers interprètes conducteurs de navires, courtiers assermentés aux tribunaux de commerce, courtiers libres, etc.). 1883, 2 vol. in-8. 16 »

GÉRARDIN (C.), professeur de droit romain à la Faculté de droit de Paris, et **JOZON** (Paul), avocat au conseil d'Etat et à la Cour de cassation. — *Le droit des obligations*, traduit de l'allemand de M. de Savigny. *Deuxième édition*, revue, corrigée et augmentée. 1873, 2 beaux vol. in-8 sur papier vélin. 15 «

KELLER (F.-L. de). — *De la procédure civile et des actions chez les Romains* ; traduit de l'allemand et précédé d'une introduction par M. Charles Capmas, recteur honoraire de l'Académie de Toulouse. 1870, 1 beau vol. in-8. 9 »

LEFORT (Joseph), lauréat de l'Institut de France, avocat à la Cour d'appel de Paris. — *Cours élémentaire de droit criminel* (Droit pénal, Procédure criminelle). *Deuxième édition*, revue et augmentée. 1879, 1 vol. in-8. 8 »

RAMBAUD (Prosper), avocat, répétiteur en droit. — *Précis élémentaire d'économie politique*, à l'usage des Facultés de droit et des Ecoles. *Troisième édition.* 1883, 1 vol. gr. in-18 jésus. 3 »

STAHL (Frédéric-Jules). — *Histoire de la philosophie du droit.* Traduit de l'allemand et précédé d'une introduction et d'une notice historique et critique sur les œuvres de l'auteur, président du consistoire central, professeur de l'Université de Berlin et membre de la Chambre des seigneurs ; par A. Chauffard, président du tribunal civil de Lavaur. 1880, 1 vol. in-8. 12 »

SUMNER MAINE (Sir Henry), correspondant de l'Institut de France, professeur à l'Université de Cambridge, membre de la Société royale de Londres, etc — *Etudes sur l'histoire des institutions primitives*, Traduit de l'anglais, avec une préface, par M. Jos. Durieu de Leyritz, avocat, et précédé d'une introduction par M. H. d'Arbois de Jubainville, professeur au collège de France. 1880, 1 beau vol. in-8. 10 »

THÉZARD (Léopold), doyen et professeur de code civil à la Faculté de droit de Poitiers, avocat à la Cour d'appel. — *Du nantissement, des privilèges et des hypothèques* et de l'expropriation forcée (*Code civil*, liv. III, titres XVII-XIX). 1880, 1 vol. in-8. 9 »

— *Répétitions écrites sur le droit romain. Troisième édition*, refondue et considérablement augmentée. 1879, 1 vol. gr. in-18, jésus. 5 »